길이 없어도
별은 뜬다

고원구 여섯 번째 시집

길이 없어도 별은 뜬다

초판인쇄 2014년 9월 10일
초판발행 2014년 9월 15일

지은이_ 고원구
발행인_ 이현자
발행처_ 도서출판 현자

등 록_ 제 2-1884호 (1994.12.26)
주 소_ 서울시 중구 수표로 50-1(을지로3가, 4층)
전 화_ (02) 2278-4239
팩 스_ (02) 2278-4286
E-mail_001hyunja@hanmail.net

값 10,000원

ISBN 978-89-94820-16-3 03810

이 도서의 국립중앙도서관 출판예정도서목록(CIP)은 서지정보유통지원시스템 홈페이지(http://seoji.nl.go.kr)와 국가자료공동목록시스템(http://www.nl.go.kr/kolisnet)에서 이용하실 수 있습니다.(CIP제어번호: CIP2014025449)

길이 없어도 별은 뜬다

고원구 여섯 번째 시집

도서출판 연자

머리말

벌써 강산이 바뀌었다.

'별로 한 것도 없다.'라고 생각이 드는데……, 세월은 그렇게 흘러갔다.

아주 가늘고 순박하게 살아오면서 외로움, 괴로움, 슬픔, 고통의 순간들을 '나는 할 수 있다.'라는 생각을 행복의 끈으로, 긍정적인 삶의 원천으로 가늠하고 채찍질하며 달려 왔다.

순간순간을 걱정하며 폭 넓게 도와주신 안재진 선생님께 정말 뜻 깊은 감사를 드린다.

선생님 고맙습니다.

그리고 제 옆에서 묵묵히 지켜보면서 힘을 보태준 충청도 어진 여인과 그 딸들이랑 사위들에게도 고맙

다는 말을 전하고 싶다.

그리고 할 수 있다는 연결의 고리를 놓지 않고 지켜보며 도와주신 모든 분들께도 고개 숙여 감사를 드린다.

앞으로 겸손과 인내를 바탕으로 화덕과 개심의 미덕이 변화무쌍한 조화를 이룰 수 있도록 열정을 다하여 연필을 잡을 것이라 다짐한다.

2014년 8월 어느 날

목차

제1부 긍정적인 나의 삶

제2부 자연 속에서

목 차

제3부 사랑 가득히

제4부 불가능은 없다

목 차

제5부 내 곁에는

제 1 부

궁정적인 나의 삶

뜨거운 가슴

거울 같은 삶

사랑의 힘

갈피 속의 삶

숙명

길목에서

계절

시간

밟아온 자리

세월

잃어버린 시간

마당새

교행(郊行)

빨간 엽서

까만 하늘

별빛사냥

수줍은 초대

태양처럼

꿈

첫 나들이

뜨거운 가슴

밤이 밝아오는 것은
척박하게 내딛는 발걸음을
밝은 빛으로 온 누리를
감싸 안아주듯 길을 연다

간절하고 절박한
길목에 문득 피어오르는 오로라
흐드러진 꽃무늬처럼
뜨겁게 가슴이 타올라

한순간도 머뭇거리지 않게
시간을 축적하고 다지어
내가 바라는 성을 쌓는 사람들

반쯤 허물어진 고목에도 꽃은 피고
뻥 뚫린 가슴에도
햇살은 비추어 천지를 흔드는데

꿈을 먹고사는

미워할 수 없는 피붙이들
그 사랑의 향기가
푸른 하늘을 넓힌다

거울 같은 삶

꽃처럼 아름다운 삶은
가슴 속에서 싹이 트고

강물처럼 흘러온 세상
돌아보며 성찰한 길
넘어지며 또 몸부림치며 왔다

희망의 씨앗은
깊이를 알아야 거둘 수 있는
힘이 사랑이라 했다

풍요로운 마음의 곳간을 열어
탐심과 위선을 뿌리 뽑고

깊은 샘에서
맑은 물을 퍼 올리듯

내 걸어온 삶에
애정이 그윽하게 넘치는
삶의 빛으로 살고 싶다

사랑의 힘

순박한 마음씨에
평범한 인생의 곡예

깊은 성찰 속에
헌신적인 그 사람

진실하고 고귀하게
사랑하는 마음이
풀밭처럼 포근했다

고요한 마음에
파도가 일어
바위를 삼키고
억수장마가 나를 조롱하는가

피눈물 삼키며 걸어온 길
그 속에서
고요하게 다가온 참사랑이
나를 흔들고 있다

갈피 속의 삶

조용하게 어둠이 내리는
갈피 속의 삶
풀잎 같은 장막을 제대로 뚫지 못하고
인생 곡예를 곱씹는다

주야장창 작은 소망도 없이
굴곡의 길을 넘어온
애절한 삶
그것조차 내게는 공간에 갇힌 듯

모래 탑에 부서져오는
삶의 곡예에 온몸을 부딪치며
몸부림 했던 고개

작은 부싯돌에 일어나는
하찮은 불씨로
흐느끼듯 달려온 날들에
부쳐 보내고 싶다

갈피 속의 삶을
환한 꽃망울로 흐드러지게
꽃피워 향기를 가득 담아낼
그날을 향해

숙명

내 얼굴에 그려진
주름살
화인처럼 깊게 얽히고

손가락 마디에 새겨진
아픔은
세월 속에 난도질당한
아픔을 기억 한다

눈물겨운 인생 곡예
기쁨과 슬픔 같은 건
피할 수 없는 운명으로
시간 속에 감추고

그리움에 사무친
잃어버린 날들
해맑게 그려진 잔주름이
나를 울먹이게 한다

길목에서

허기진 삶의 끝자락에
넘어져도 지치지 않는 연줄이
잎새에 매달려
한낮을 흔들고 있다

범종소리가 들려오는
금산 고갯마루에
사랑의 발자국이
꽃으로, 향기로 돋아오고

고개 숙인 할미꽃
양어깨에
봄이 가득 얹혀
아지랑이로 춤사위를 연출하고

앙상한 가지사이로
징검다리를 건너온 계절은
젊음의 나래를 선보이고 있다

계절

당신 이마에
금구슬 은구슬로
폭포수를 만들었던
따가운 눈총들이

어느덧
싱그러운 향기로
상큼한 맛의 계절을
불러 앉혔네요

시간

거미줄처럼
난삽하게 짜여 있어도

시작과 끝의 시간은
저마다 화두를 찾아
맑은 눈빛으로
세월을 붙잡으려 한다

꽃비가 내려
들녘 먼 산이 색색으로
옷을 갈아입고
어디론가 떠날 준비를 해도

시간은 쉼표가 없어라

밟아온 자리

포성소리에 갇혀
다시 돌아올 수 없는 길에도
임들의 뜨거운 숨소리가
산천을 흔들고 있다

어느 하늘 아래
어떠한 곳에도
들을 수 없던
거룩한 발자국 소리

포성이 멎은 산야는
그때 그 모습으로
아픔을 행복으로 승화시키려면
언제쯤일까, 기다리고 또 기다렸는데

임들의 향기를 더듬어
그들이 지나간 자리에
거룩한 영혼이 꽃이 되어
탐스런 가슴을 열고 있다

세월

지난 세월 부여잡고
하소연하여 본들
낡은 지갑 속은
사랑하는 마음만 가득하고
촉각을 곤두세우고
두 눈을 부비며 살펴보지만
아무것도 없네요

삶의 흔적은
마음속 저리게 흔들리고
촌각을 다투는 세월은
주름살 언저리를 맴돌며
덧없는 인생을 무척
목메게 하네요

잃어버린 시간

생각과 발자국이 시간을 조응하여
무차별 퇴락을 막아주 듯
무책임한 열전을 마감하고 싶다

닫힌 가슴으로 답습의 길을 걸어온
언어의 시련

그 얼어붙은 질곡을
시공을 초월하여
잃어버린 세월 속에서
나를 잡아보았으면 한다

가끔
마음속에서 꿈틀거리는
내 광기가 하늘을 주먹질하지만, 이내

먼 광야를 바라보며
흔들리는 나의 마음을 주저앉히며
잃어버린 시간을 끌어당긴다

마당새

어슴푸레한
달빛 사이로
마당
가장자리에
안절부절 떨고 있는
한 마리 마당새

밤새 울다 지쳤는지
꼭두새벽에
마당새는
더는 흘릴 눈물이 없는지

수국 넓은 잎새에
몰래 숨겨둔 새끼 때문에
밤새 가슴 조아려
울다, 울다 눈물이 말라버린
마당새의 모정

교행郊行

허공을 펴
지평을 밀어올리고

단단한 몸짓으로
삼라만상의 혼을 일깨우는
신비로움의 잎새 소리는

꽁꽁 얼어붙은
황막한 벌판에
가슴 부풀리는 소리를
감미롭게 듣는다

초췌한 그림자가
순리에 따라
조화와 변화를 희망하는
번거로운 시간 속에서도

돌부리에 얹힌
석양을 더듬고 있다

빨간 엽서

골목길 한적한 울타리를
지키고 있는 빨간 부초들

하나 둘
이슬 목욕을 하고
햇살로 닦아 낸다

어느 사이
가장자리부터 밀어올린
빨간 향기의 엽서
두근거리는 가슴을 채근하며
정갈한 마음으로 읽고 있다

온통 빨간 엽서로 매달려
가득한 향기를 흩뿌리며
오늘도 하루해가
석양빛으로 물들게 한다

까만 하늘

고독이 가슴을 뜯는
발걸음 소리
뚜벅뚜벅 들려온다

끈질기게 조여 오는 어려움이
어깨를 누르고
마음을 후벼파는 고통을
감내하며 넘고 또 넘어왔는데

아직
까마득한 고개가
첩첩으로 길을 막고 있어도
실과 바늘이 함께 하는 것처럼
길은 열려 있으리

정진 없는 곳에는
무덤만이 있을 뿐

평안하게 걸어갈 수 있는

그 길
사랑하는 마음이라면
언제나 열려 있고
걸어갈 수 있을 게다

별빛사냥

땅거미가 내린 초저녁에
석양의 무늬가
별빛 사냥에 나섰다

여명이 트기 전
달빛 어린 강여울에
돛단배 띄우고
구성진 목소리로
가락 한 소절을 뽑는다

첫사랑의 그림자만
가슴에 밟히고 있는
멀어져간 하루를 찾아
저마다의 제 길 찾기에 분주하다

얼음조각처럼 차디찬 입김
기다리지 않는 시간의 통로를 지나
얼어붙은 자신을 내동댕이친다

갈가리 찢겨진 조각, 조각들 기워
오늘은 또 어디에서
어떠한 초소에 초병이 되려는가
시름을 털고 있다

수줍은 초대

청보리가 흔들리는
5월 어느 날

누런 보리 저문 길에
정갈한 맛을 내는
초여름 밤 축복 자리에
수줍은 초대를 받았다

따가운 햇살을 밀어내는
개구리 울음소리가
논두렁 사이마다
어지럽게 들리고

별빛 가득 넘실대는
적막한 시야는
사랑의 연인에게
꿈을 안겨주고
사랑을 안겨준다

태양처럼

바다보다 깊고
하늘보다 더 넓은
뜻을 가진 사람들

절절하고
비통함은 삼라만상을
울리고 있으매

간절한 마음을 빌어
떠난 사람 남은 사람
저마다 애틋한 마음은
보이지 않는 넋을 바라보며

피어보지 못한
인생의 존엄
좋은 인연의 끈
향기의 꽃으로 피어나게 하소서

꿈

고즈넉하게
순리 따라
걸어온 날들

작은 개울물
조약돌은
송사리와
술래잡기를 하고

새털구름 한송이
그리움 싣고
얼비칠 때

활짝 웃던
임은 간 곳이 없고
텅 빈 가슴은
아직 꿈속을 방황한다

첫 나들이

백년의 숲속에
금빛 태양이 화려한
외출을 한다

어머니의 고고한
지혜에서
값진 보석 하나를
캐어냈네

고요한 자태와
찬찬하게 걸러내는
유연한 음성은
불모지를 덮고

고즈넉한 달빛 속에
젖어오는 화신의 숨소리
교교한 밤에
들려오는 임의 연가처럼

하얗게 부서져도
단단한 뼈대로 살아나
내일을 향하여 달리고 있다

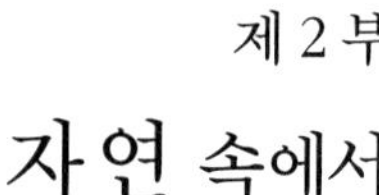

제 2 부

자연 속에서

오월의 향기 2

명경지수 맑은
오월의 숲속
소슬한 바람은
숲속 그늘에 맴돌며
땀방울을 훔친다

수 천 년을 이어온
하얀 불꽃이
초나흘 달빛에
새하얀 치마를 휘날리고

이팝꽃 하얀 신비가
미지의 세계를 향해
마음의 문을 열고
사랑을 구가謳歌한다

수 천 년을 이어온
초나흘의 불꽃 향기가
나를 깨우고 있다

낙엽의 속삭임

귀뚜라미 목 놓아 우는
달 밝은 가을밤

추억의 그림자
떠올리면
막혀 있던 체증이
스르르 내려앉는다

아득하게 멀어져 가는
세월의 뒤안길을 돌아보니
앙상한 가지에 매달린
가련한 낙엽 같다

꿈의 씨앗을 뿌린 것이
엊그제 같은데
때가 되어
내 가슴을 흔든다

달빛 어려 있는 가을 밤

식어가는 낙엽의 끈질긴 인내 소리
강변을 적셔오는 속삭임이
발길을 잡는다

단비

꿈속에서도
기다렸어요

금구슬 은구슬을
꿰어놓은 것처럼
밝게 빛나는 얼굴

내려쬐는 햇살의
열기로 애간장 태우는
가슴앓이

찌든 때
풀어줄 그림 같은
단비는

석양에 걸린
빛살이 어제처럼 광야를
흔들고 있네요.

갈대는 지금

폭서의 유혹을 뿌리치고
하얀 꽃족두리로 단장한
갈대

그리움도 삼키고
외로운 밤도 안으로 감추며
홀로 강여울의 파수꾼이다

다시
거센 비바람에 애간장 태우고
은하수 그늘에 숨었다
헤집으며 별빛 따라
지친 듯 온 몸으로 비벼댄다

조근조근하게 들려오는
귀뚜리의 자장가 소리
강여울에 떠가는 한조각 구름처럼
흔들리는 갈대

한로 아침나절에
흠뻑 내린 이슬방울은
비어있는 잎 속에서
속살이 꿈틀댄다

망중한

폭서에 찌든
풀잎들이
한줄기 빗방울에
하품을 해대며

가로수 푸른
이파리도
미소를 가득 머금으며
눈망울을 굴려댄다

계절을 잃어버린
대장간 풍구는
햇살을 토해내듯

노인장의 이마에서
구슬을 꿰어내고

이글거리든 쇳덩이는
아름다운 모양의
새 생명으로
탄생하였네요

완산 골谷

실안개꽃 흐드러진
자호천 맑은 물결
여울 따라 몰려가는 송사리 떼
향기 어린 내 고향

완산 듬에 얼비치는
성현의 혼
가슴을 열고 두 팔 벌려
포근하게 맞아주는
완산 계곡

켜켜이 밝아오는
보름달빛 속에
낡은 발자국 향수가
이정표로 남아있는 곳

얼이 살아있고
혼이 숨쉬는
조용하고 아늑한
완산 골 내 고향

뜸부기

시골 아낙의 거미손 같은
산골짜기 논

가녀린
풀내음의 후감이
계곡을 들썩인다

햇살을 등지고
고통을 씻어내는 시간들

울다 지친 아이는
논배미에서 잠들고

풀잎을 스치는 솔바람
가슴속 응이를 풀어내듯

뜸북뜸북 소리에
검게 그을려오는 그림자는
앞산을 울리고 있다

심지

뿌리는
어디까지이며
삶의
무게는
또
어디까지이며
그리움과
기다림의
순간은
어디까지
일까

심지 2

짓밟히며 살아있는
풀꽃의 세계

보이지 않는 미지의
어둠 속에 간곡히
너를 찾는다

거센 비바람에
숨죽이는 풀꽃
그 반란의 향기에도
흔들림 없는 별빛처럼

온화하면서도 감추고 살아가는
너를 찾아
언제나 어제처럼
이 자리에 홀로 서 있다

운무雲舞

운무 같은 가랑비가
살포시 내려앉은
길섶

마음의 손길로
다듬어진 돌계단

하나 둘
속삭이듯 내려앉는
운무의 춤사위

발가벗은
가녀린 가지에
얹혀오는 물방울

계곡의 신음소리에
겨울은 느린 걸음으로
저 멀리 길을 떠난다

바람에 뿌려진 씨앗

비탈진 언덕
구비, 구비마다
흩뿌려진 씨앗들

옹이로 인장을 새겨놓은 듯
손가락 마디마다
구구절절한 사연
찍어놓으신 아버지의 흔적

찬바람 속
새하얀 입김으로
세상을 밟아오신 걸음이었다

눈에 묻히고
마음이 아려온 듯
바람에 뿌려진 씨앗에도
사랑을 쏟아온 울 아버지

겨울 해님이 햇살이 창가에 내릴 때

조용히 사랑을 나누어 주시며
밝은 미소를 지우시던
아버지 흔적

씨눈

선달 광야를 덮고 있는 잔설
그 끝자락을 부여잡고
푸른 삶의 씨눈이
모롱이마다 피어오른다

찰나의 순간에도
먼, 먼 산을 돌아가는 아지랑이처럼
발걸음의 자취는 간데없는데
뜨거운 사랑의 흔적은 남아있다

역순하지 않는 자연의 세계
창세의 빛은
어둡고 차가운 곳에도
은밀히 스며들어

벽을 허물고
빗장을 풀어
사랑으로
씨눈을 틔우는 것이다

꽃샘

마지막 잔설을 딛고
금산 치맛자락에서
할미가 일어나
자비의 샘물을 퍼 올린다

꽃샘에 얼비친
할미 치맛자락의 맵시가

먼, 먼
아지랑이 속에서
잃어버린 신천지가 보인다

매화

이른 새벽
잔설을 털고 있는
길목에

연분홍 바람 빌어
흔드는 손짓

지평선 너머로
길 재촉하는 나그네
발목 잡는
그 향기, 향기

삶은 또
그렇게 초연하게
엮이어 가는가 보다

푸른 언덕

길을 열어
야윈 잎새가
봄을 도배하듯

마음은
담대하고 푸르게

아지랑이 벗 삼아
광막한 사랑을
반야처럼 나누고

뜬금없는 바람도
광야의 새 역사가
환란을 거두는데

두렵거나 떨지 말고
강건하고 희망 가득한
뿌리 내리도록

길

세상에 아득히 널려 있는 길
애간장 태우며 기다리는
사랑의 길이 있네요

흰 구름 조각배에
사랑하는 당신의
그림자가 앉아있고

파란빛 하늘에도
역경의 세월을 더듬어온
당신의 얼굴이 보이네요

당신과 나
백년을 넘어
수천 년을 지나도

세월을 안고, 지고
걸어온 길, 그 길 속에
우리의
향기는 흔들림이 없으리오

꽃잎편지

내 고향 배골에
꽃내음이 흐드러질 때

첫사랑 그대 생각에
내 눈은 젖어들고

앞개울
송사리떼
은물결 출렁이고

첫사랑 그대
그리움에 지쳐

꽃바람에 실어
꽃잎편지 띄우리

살짝 입맞춤에
내 가슴은
새까맣게 타들어가네

잡초의 꽃

눈을 비벼봐도
들판은
웃고 있다

색색의 미소들이
행복하게

사랑을
가슴으로
꼭
안고 있다

당당하게
제 힘으로
일궈낸
저 잡초들

금국화

형님먼저 아우먼저
여덟 조각의 손바닥이
햇볕을 받아
금발의 모자를 썼구나

잡초 덤불 속에서
벗들과 함께
금빛을 밀어올린
숲속의 향기

달빛조차 움츠려들게 한
너희들의 유희

일렬 횡대로 늘어선
너의
단아한 기품이
여름을 흔들고 있구나

가을이 익어갈 때

어느 날 오후
가을이 익어갈 때
어디선가 밀려온
한 가닥 바람의 속삭임에
가을은
풍만한 가슴을 열고
지루한 여름의 무게를
차분히 털어내며
행복한 노래를 부르고 있다

가을이 익어갈 때
강남제비도 길 떠나고
산사의 범종소리는
자비를 베풀려
길 떠날 채비를 할 즈음

가슴 가득 품은 만취감으로
기암괴석 부딪치는 달빛에
자신이 비춰진 그림자 밟으려고
소진된 힘을 모으고 있다

꽃잎

햇살에 그을린
그늘 속에
꽃잎에 실리는
비단 같은 바람

덜 익은 과일처럼
너와 내가
맺은 인연은

지친 삶의 무게와
정제되지 않는
가슴의 말씀으로

푸른 삶의
끈을 이어가는
생의 건널목에

맑은 샘물처럼

깊은 마음의 강줄기에
더 밝은 빛으로
다가오려나

10월 옷자락

세류에
실려
떠나가는
여름아
너의
빛깔 속에
함초롬하게
빚어놓은
이슬방울이
찰나의
순간을 딛고
가을로
얹혀있네

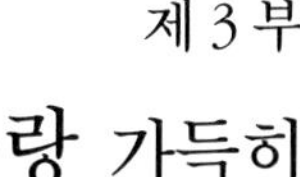

제 3 부

사랑 가득히

고수부지에 젖은 사랑

초승달이 찰나의 순간을 넘어
보름달이 되듯이
강여울이 읊조리는 물소리를 벗 삼아
수없이 많은 걸음들이 바쁘다

옷깃에 스치는 바람소리에
텅 빈 마음은
강물소리에 실려 둥실둥실 떠간다

마음과 마음으로 주고받는
무언의 소리, 소리들이
고통과 슬픔
기쁨과 절규가 아련히 비치는
초승달을 흔들어 놓고 있다

보슬보슬 내리는 빗속에
우산 속 연인의
아름다운 자태가 희미하게 비치는
커피숍 자막에 이끌리 듯

보슬비 속에 멀어져가는
종종걸음의 발자국소리
외롭고 쓸쓸한 마음에 종소리가 외롭다

조용하게 흐르는
강물 위에 살며시
사랑을 실어 보낸다
내 사랑이 숨 쉴 수 있는 곳으로

사랑의 햇살

여명이 붉게 타오르며
사랑을 듬뿍 안겨줄 때
가슴에서 들려오는
심장의 고동소리를 들었나요

들뜬 가슴에 안겨
조용히 입술을 덮어주던 그때
끝없는 사랑으로 푸른 광야를
함께 달려가고 있었지

당신의 큰 사랑이 있었기에
내 마음은 흔들림 없는
햇살처럼 언제나 밝고 맑게
푸른 하늘을 날 수 있었지

내 마음속 거울로
언제나 꺼내 비춰볼 수 있는 당신
햇살이 대지를 어루만지듯
마음껏 사랑하고 싶습니다

바람의 향기

목적지도 없는 바람
둔탁한 계곡을 지나
작은 언덕 밑 개여울에서
목을 적시고
뙤약볕 밭이랑을 서성이던 바람은
알 수 없는 길을 열어가며
방울소리를 낸다

송글송글 주저리주저리
지친 촌로의 땀방울을 찾아
시원스레 쓸어주며
각본 없는 길 옮겨가며
모래알 같은 알갱이들을
어루만져주고 있다

욕심 없는 바람 성냄도 없이
시간을 재촉하며
너 나 가리지 않고
사랑이 넘치는 손길이 느껴지는
바람의 향기

봄바람 속에

내 고향 언덕배기 꿈을 심던 곳
소꿉장난 그 친구들
지금은 어디
바람도 구름도 두둥실 춤을 추는
정든 강 언덕
아름다운 실안개가
나를 잡는다

산 부엉이 울어대던 황토 고갯길
송사리 잡던 그 친구들
지금은 어디
풀피리 불며 자맥질하던 그때 그 시절
버들피리 그 추억이
나를 잡는다

비에 젖은 고수부지

희미한 가로등 불빛이 졸고 있는
비에 젖은 고수부지
빗줄기는 춤사위를 펼치지만
분수대의 물줄기는 끊어졌네요

밤과 낮이 따로 없는
바쁜 사람들의 휴식처
하루를 식히고
또 내일을 준비한다

나도 그 길을 걸으며
피로를 풀고
꿈속 황홀 속에 춤을 추는
풋풋한 고수부지

비에 젖은 가로등은
추억을 곱씹는 이방인을 잠들게 하고

가랑비는 강여울로 흘러가며

가슴을 훌훌 털고
저 멀리 떠나버린 고수부지에
소리 없는 바람만 한가하게 스친다

돌바람 1

돌바람이 불어왔습니다
든든한 밧줄을 타고 왔는지
소용돌이치는 몸짓에
창공이 흔들리고 땅이 들썩이네요

하우스를 뚫고
채소밭을 엉망진창으로 만들며
병든 세상을 가차 없이 짓밟아
죄 있는 자 눈을 감으라고

바람은 사람을 좌지우지
들었다 놓았다 하네요

칠흑 같은 어둠에
번개까지 동반해온 세상 밖 바람이
사람들의 마음을 또 울리고 있네요

낡은 삶의 끝에서
또 다른 시작을 알려주는 손짓

때문에
새롭게 수를 놓을 수 있는 마음에는
눈물이 그렁그렁하네요

새벽 봄

음지마다 띄엄띄엄
잔설이 남은 그곳
썩은 가지에 매달린
낡은 이상을 지우고

국궁의 시위를 떠난
화살처럼

꽁꽁 언 동토에
신세계의 빛을 지피기 위해
푸르름의 깃발을
휘날려보자

새벽 봄
여린 새싹을
위하여

월야

저 먼 하늘 아래
구름집 짓고

바람소리
그 소리로
작사 작곡하여
오선지를 채우고

빨갛게 익은 열매
사랑하는 가슴에
풍성하게 담아내고

환상처럼 엮은 흰 구름
몇 조각
뒷산 마루에 걸어놓고

소쩍새
울음 따라
그 시절 노래 불러

울고 웃던
옛 땅에
꿈의 정원 가꾸리라

배골

파란 하늘이
머물러 있는
물 맑은 작은 개울
파란 조릿대가 얼비치고

능금 꽃
청포도 향기
코끝을 간질이는
내 고향 배골

고추잠자리
떼 지어 날고 있는
고운 꿈 영그는
내 고향 배골

하얀 구름
뗏목 삼아
사랑을 키우던
작은 개울가

그 맑은 물들이
언제나
나를 감돈다

즐거운 비명

발갛게 얼굴 붉힌
저녁 햇살이
연미복 뒤태를 잡고

벌거벗은 매화의
눈망울 점막은
충혈되어 흘러도

내 가슴에 피어있는
사랑의 꽃향기는
몸살을 앓아도
천리만리를 항해한다

독백

먼, 먼 길 돌아온
시작과 끝의
접합 점

그대와 내가
머물러 있던
발자국 자국마다

탐스런 꽃이 피어 있고

애타는 가슴에
사랑이 머물고

야윈 양 볼엔
사랑의 가지가 풍성하네요

잘 영근 열매가
주렁주렁 매달려 있구려

사랑아

흩날리는 꽃 이파리
그 잔영
흔들리는 생각
틈새마다
스며드는 봄비
추억의
그림자가 밀려와
되새김하는
시각
그리움이
밀물처럼
쌓여만 가는데
지금
내 사랑은
어디쯤

천사의 눈물

겨울 삼동
고립되어 있던
생명이

천사의 눈물 속에
파릇파릇
세상을 깨우는 새싹으로

싱그러운
향기의 빛으로 찬란하고

허물을 덮고
동토 속에서도
살아있는 생명으로
영원을 말하는구나

손길

텅 빈 가슴에
향기 짙은
꽃 한 송이

매운 바람
맨살로 막아내며
외로이 피어올린 꽃
그 향기

그걸 바라보며
그리움이 밀려오고
생각이 밀려올 때

스쳐오는 당신의
따스한 손길
영원히
내 가슴 속에
별빛으로 살아있네요

정화淨化

지난밤
꿈속에 피어난
무언의 얼굴

나의 발길에
새로운 불빛으로
새 길을 열어주고

허물어진 구터 길에는
새 생명의 불꽃이
하늘 길 열었네

긴 날 몸을 감춘
사랑의 씨앗이
불현듯 싹을 틔우고

한가락 노래처럼
세상을 울리고 있다

새벽 향

어둠을 툴툴 털어내리는
새벽

투명한 이슬
거울 삼아
나를 비춰본다

잎새 위에
이글거리는
햇살을
양 손에 쥔
이팝나무

향기가 사위어간
바람 앞에
변함없는 가로수는, 또

소나기
한줄기 내렸으면
하는 눈치

앵두

가녀린 허리춤에
숨어든 낮달
마당 한편에
수줍은 듯 졸고 있고

뒷곁을 지키고 있는
새 아씨
햇살에 벌겋게 달아오른
농익은 정열

포기와 좌절 없이 다져온
침묵의 시간

찰나의 순간을
넘어오면서
구슬처럼 열린
빨간 눈망울 속에

낮달은 수줍은 듯
석양과
자리바꿈을 한다

추억이란

앞산엔
간 잔지러한 숲이
숨을 몰아쉬며
모로 누워 있고

향기 품은 당신
그리고 나
추억이란 시간 앞에서
먼, 먼 생각에 잠기어

흐드러진 꽃잎에
입맞춤하고
고통의 길 다져온
추억의 발자취가 살아있는

이슬 꽃망울이
탐스럽게 맺혀
당신과 나를
기억하는지

마음속의 거울

어젯밤
메아리로 되돌아온
숨겨진 이야기

세속에 부대끼며
새 생명의 숨소리로
마음과 마음을
흔들어 놓고

험난하고
힘든 역정 속에
부딪혀온
그 사람

내 가슴속에
반짝이는 거울로
남아
사랑을 속삭인다

여정 속의 공간

춘풍에 서린 꽃 그림자는
이슬 끝자락에 가슴을 열고
먼 산을 돌아온 봄처녀는
찬바람을 숨죽이고 있다

메마른 광야에는
남녘바람이 이정표를 찾아
소리 없이 강여울에 여장을 풀고
그렇게 봄은 성큼 발길을 내어딛는다

눈바람에 지친 여린 잎새는
산마루에 걸린 햇살에 기대어
꿈의 나래를 속삭이고

허공에 머물고 있는 안개바람은
텅 빈 가슴에 모아온 작은 온기로
묘법을 찾아 닻을 내리고
먼 길을 돌아온 길목마다
여정을 풀고 있다

영천역

아주 먼 그날
영천 대회전의 역사를 품속에 안고
빛과 빛이 마주치는
영천역

기적소리가 먼 허공을 가를 때
입영열차를 탄 까까머리 소년을
땀을 닦으며 눈물로 배웅하던
어머니의 온정이 숨어 있는 곳

수없이 많은 발자국의 열기
물 끓어오르듯 북적대던
진흙탕의 그곳

이열종대로 뻗어 내린
철로를 가로지르는 까치떼
희망의 서곡이 모여지고
정수장에서 청수를 담은 석탄 기관차

어머니의 발자국 향기처럼
봉화산에 걸린 석양은
주름진 어머니의 얼굴을 그려내듯
빛의 환상곡을 연출하고 있었다

제 4 부

불가능은 없다

일출

검푸른 침묵의 옷을
벗어버린 그대가
수평선 너머
거대한 생명의 나선으로
서있다

아직 어둠 속을
벗어나지 못한 나는
큰 사랑에 목말라
물결 한 조각으로 버티고 있는
금산 자락을 바라본다

어둠 사이를 헤집고
나선으로 서 있는
그대의 고운 자태를
찬양하는 순간

그대는
세상을
가슴으로 품고
사랑을 낳고 있다

천제연 폭포

황제의 길을 여는
두 눈동자
이글거리는 태양빛에
눈물을 흘리지 않는다

땅을 보아도
하늘을 보아도
황제가 유희할
무도장은 어디에도 없다

가야 할 곳에
길이 없어
안타까움이 가슴을 찢어놓고

막힘이 없는 자연
저쪽
낭만이 숨 쉬는 수평선엔
파도가 분수를 이룰 뿐이다

황제의 용안에
눈물이 메말라 버렸으니
어이 할거나
따가운 태양은
가슴을 녹이는데

바람의 언덕

산방산 모롱이를 돌아오는
물기 젖은 바람결
수월봉 낮은 자락에
꽃자리를 편다

수평선에서 밀려오는
억센 파도가
새 세상을 열려는 듯
굽이쳐 용트림 한다

사랑을 갈구하는
풍경속의 꽃내음
속 좁은 마음에 감성을 불러오고

굴곡이 나래를 펴고 있는
주상절리의 혼

제주의 햇살은
민머리에 금광을 가득 실어주고
비바리의 구성진 노랫가락 속에
아쉬운 시간은 고개를 넘는다

새연교

범섬을 오른쪽으로 끼고
칠이라는 올레길을
바람과 파도
외돌개의 명승을
가슴에 담는다

삼도파초 일엽의 풀내음
주상절리와 해식동굴이
나를 들뜨게 한다

아열대성 기후가 조금은 낮 선
최대의 연산초군집이
한라여인의
팔을 베개 삼아
두 다리를 쭉 뻗어

범섬에
두 개의 멍울을 덧씌워 놓았구나

곶감

노랗게
아주 노랗게
작은 꽃술을 달고 나온
너

부러질 듯한 연약한 가지 위에
노랗게 불그스름하게
농익어갈 때
깨어있는 도시로 팔려갈
너

부서지는 햇살조각으로
단물을 듬뿍 머금고
누군지도 모르는 목구멍으로
유배의 길을 떠나면서도
선홍빛 얼굴로 웃고 있는
너

시렁에서 또 한 번

말랑말랑 익어가는
너

뼈 없이
사계절 충만한 기쁨으로 미소 짓게 하고
환상적인 가슴만 곱게 들어내
호랑이도 무서워 도망치게 하는
너는 아가들의 보물

일몰

어둠이 가지 끝에
서서히 내려앉으면
서녘 햇살도 핏기를 잃어
모두가 죽은 듯 돌아앉는다

오늘 내 마음은
온유하지 못하고
무겁게 느껴지며
까맣게 타들어간다

차가운 바람도
멀어져갔는데
내 몸은 사시나무 떨듯
남루하다

추잡스런 옷을 걸치고
꿈이 넘치는 길을 달려
희망이란 정류장에
도착했건만 임은 없고

나를 외면하지 않는 바람만이
외로운 사랑으로
허기진 나를
보듬어 주려 팔을 벌린다

아침

아무도 밟지 않는
이른 아침에
입은 열지 않고
눈으로만 말하듯
밤사이 이슬방울이
불빛처럼 반짝이며
길을 열어준다

날선 세상
팽팽하게 줄다리기하던
어제의 시간은
추억 속으로 묻고
열리지 않는 공간에
따스한 햇살로
길을 열어준다

아침이 열린다

그때 그 소리

모란꽃 흐드러지고
들녘에는 파란 꿈이
융단처럼 우아하게
자리를 펼 때

간간이 들려오든
그 소리
행복의 시간을 앗아간
소리, 소리들

서럽게 통곡해도
풍비박산으로 찢어진
이 강토는
어둠의 터널을 벗어날 수 없었다

얼기설기 아무렇게나
나뒹구는 소리, 소리들은
슬픔의 무게로 떠도는
처절한 시간을 기억하는가

차라리 꿈이라면
아픔은 없었을 것인데

비 그림자

저 멀리
보이지 않는 수평선 너머
찢어진 구름 조각들이 기워지고

안개 속에 가려진
성난 파도소리가
굉음을 준비하는 듯
온 몸을 떨고 있다

가녀린 새색시가
긴 세월 속에
시어머니가 된 것처럼
본색을 서서히 들어내는 듯하다

수평 물줄기가 돌돌 말려
산을 만들고
방파제를 위협하며
뭍으로 기어오르려하고

쉴 틈 없이 추어대는
장맛비의 현란한 춤

켜켜이 쌓아온 사록이
낡은 기억 속에 들어와
허기진 사람들의
마음을 흔들고 있다

살구나무

주저리, 주저리
매달리듯 엉겨붙은
구슬 같은 땀방울
여름이 영글어 간다

잘 자란 잎새들이
바람에 흔들리며
보이지 않는 반란으로
속살 단단한 여름을 익힌다

노랗게 영근 빛으로
사람의 마음을 휘어잡고
여인의 붉은 눈짓처럼
사랑의 눈길을 모으고 있다

노귀재

실안개가 산허리를 돌아
부엉이 울어대는
꾸불꾸불한 산곡 길에
산나리가 곱게 피어있다

산정
바람소리와
산새소리가 연주하는
이중주에
마음을 빼앗기며
자판기의 문을 두드린다

녹음이 파도를 타고
하늘을 향해 너풀거리는
시원하게 뚫린 터널을 벗어나

산 내음으로 범벅이 된
야릇한 향기에 취한
노귀재의 정취는
아! 사랑의 노래였다

뒷동산

벚꽃 흐드러진 뒷동산
병풍을 두른 듯
다소곳한 여인의 정취

꽃봉오리마다 이슬 머금은 자태
줄기마다 한 폭의 치맛자락에
고고한 우리의 멋이 어리고

잎새마다 터트리는
애절한 사연

동족상잔의 그날을
가슴에 안고 있는 뒷동산

충혼탑의 영령들
그 원한의 소리, 소리들이
가슴을 흔들고 있다

삼자현 고개

바람도 쉬어가는
삼자현 고개
청 단풍 가지에 앉은
한 마리의 산새가
애절한 울음소리로
나의 가슴을 아리게 하고

얇은 숨소리로 제 길 찾아 떠나려는
가녀린 홍 단풍
실개천 여울 속에
해맑은 얼굴을 낚는다

햇살의 두께가
모시처럼 얇은데
세월을 낚아가는 시간은
분주함에 지칠 줄 모르고

조그마한 삼자현 휴게소
객들의 소리가
열을 식히고
산천은 넋 놓아 웃는다

서해의 노을

해질 무렵의 태안반도
서해의 보석들이
손짓을 한다

아름다운 노을이
한 폭의 그림같이
만선의 깃발을 올린
환한 얼굴이 그려진다

푸른빛의 갈매기떼
처량한 울음으로
촉수가 끓어오르고

파도가 부서지는
갯바위엔
별빛 그림자가 노닐며
가슴 벅찬 하루를 내려놓는다

성하의 날개

바람소리 새소리
개울물 소리
사람들 마음의 소리가
삶의 곳곳에서
향기로 사랑으로
머물러 있다

명경지수처럼 아름다운
하늘가 풍경
푸른 삶의 빛으로
영글어 가고 있네

분수처럼 솟아오르는
성하의 계절
생명이 생명으로
훨훨 날개를 펴는 환희의 소리

여유로운 마음에
흐드러지게 피는

사랑의 꽃
오늘도 햇살을 벗 삼아
하늘을 응시하며 맑게 웃는다

무색지대

저녁달이 풀어내는
따스한 온기
가슴에 안겨온
사랑하는 얼굴

조금 전
골목길을 가로질러
가로등 불빛 따라
속삭이듯 걸어오는
발자국소리

그림자도 수줍은 듯
말이 없었다

멀리서 들려오는
누군가 부르는 소리가
밀물처럼 썰물처럼
들려왔다 사라져 가는데

미루나무 꼭대기에
한 쌍의 까막까치
무슨 사연 서럽기에
목 놓아 우는가
나는 이렇듯 행복한데

숲속의 단상

소소하게 불어오는
산들바람이 스치듯
숲속 잎새들을 희롱하면
나는 꿈길을 걸어가듯
흠씬 빠져 든다

굵은 소리 작은 소리
침묵의 괴석까지
건들대는 계곡에
한 조각구름까지 모여든다

소박한 둥지에 알을 품고
귀를 찢는 앙칼진 소리로 짖어대며
스스로 방어하는
거룩한 본능

숲속의 유희는
파도타기를 하듯
쉴 틈 없이
어깨가 들썩거린다

세월의 숨결

숨소리를 빚어
날개를 달아 놓았는가
하루 두 번 울리는
보기 흉한 괘종시계도
제 몫을 다하는데

신의 손길이던가
줄줄이 금을 지어
자연의 아름다움을 빚는
주상절리 그윽함

정갈하게 피어오른
이슬 맺힌 꽃
부딪히는 파도소리 따라
울고 웃는 모습은 달라도

시작을 알리는 종소리가
새로운 씨앗을 깨려는
순간

애간장 녹이는
갈매기 울음소리는
객의 눈시울을 뜨겁게 하는구나

길이 없어도 별은 뜬다

하늘엔
길이 없어도
해와 달이 뜨고
별이 빛나듯

내 사랑은
어디에서

길이 없어도
인연은
실타래 같이
마음과 마음속을
이어줄까

날마다
가슴 저리며
그리워하는
사랑하는 사람

하늘을 향해
사랑을 향해
파란 입김으로
마음을 띄운다

제 5 부

내 곁에는

내 가슴에는

내 두 눈에
가득 담긴 빛살 같은
당신

속삭이는
한 마디 말 속에
사랑의 빛 한 줌씩
내 가슴에 안겨온다

두텁게 내리쬐는 여름햇살
매미소리와 길을 걷는
녹음 짙은 낭만은

당신과 나의 꿈을
가득 싣고
긴 여로의 문을 열어

추억 한 줌씩 쌓이는
오솔길을
손 맞잡고 걷고 있네요

망망의 길

뱃속에는
비파 뜯는 소리가
귀에 쟁쟁거리고

밖에서는
칼날 같은 바람소리가
윙윙 소리를 내며
아프게 가슴을 뜯는다

쭉정이 씨앗은
생성도 모르는데
기다림이란 이렇게
고통스러운 것일까

맑은 향기의 꽃은
언제쯤 잔잔하게 돋아나려나

접은 시간을
질겅질겅 씹으며

예까지 왔는데
멀게만 느껴지고

나에게는
벼랑 끝에 서있는
시간이 너무 지루하다

하늘을 날다

사십육 그램
동그랗게 하얀색을 띤
작은 녀석이 하늘을 날다

애교도 없고 정감도 없는 것이
신뢰와 믿음 하나로
한 치의 오차도 벗어나지 않고
미소 머금고 날아가 앉는다

주인이 잔뜩 성난 얼굴이거나
탐욕이 마음에 가득하면
심술을 부리듯
술 취한 척 날아가는 녀석

나침반을 가지고
이정표를 찾아도
제대로 길을 열어주지 않는
하얀 녀석

홀로 있어도 외롭지 않고
언제나 마음과 몸을 올바르고
가지런하게 자신을 보듬으며

저 먼 창공을 날아
작은 희망을 안겨주고
사랑을 속삭여 주는
하얀 영혼

장모님

얕으면서도 조용하게 이어가는
몸에 곁들인 충청도 사투리
쇠진한 몸짓 종종걸음으로
마중하시는 장모님

변화하는 사계절을 딛고
풀냄새 흙냄새를
벗 삼아 살아오신
구십 평생

지독한 병마에 시달리면서도
정신줄 놓지 않고
의젓한 기개를 보여주신
장모님

걸어오신 길마다
꽃내음이 풍기는 듯
인자하신 장모님을 우러러
조용히 흘러가네요

젊은이의 날개

여린 새싹이
가녀린 줄기를 타고
봄빛을 머금고 고개를 내밀며
젊음의 패기를 보인다

설한을 딛고
천길 벼랑으로 떨어지는
폭포수 그늘을 벗어나
광활한 대지를 쓰다듬고

그들은
여명을 딛고
수천 갈래로 찢어지는
빛살무늬 따라
젊음을 또 쏘아올린다

내 사랑은 2

엷은 구름이
살결무늬로 앉아 있는
청아한 빛에 녹아나는
샛강 여울을 흔들고

계절을 등에 업은
하얀 눈망울은
빛을 감추고 허기진 삶의
무게를 내려놓는다

두 눈가에 맺힌 이슬은
가로등 불빛에 투영되어
흐르는 시간을 좇아
먼 산마루를 올려다본다

떨어지는 방울방울마다
생명의 원초가 되어
시공으로 키워온 내 사랑은
샛강 여울 따라 또 흘러가게 한다

청춘의 삶

잔설이 미련처럼 남아있다
낮달이 눈살을 찌푸리며
게으름 피우는 햇살을 향해
주문을 외운다

이슬 머금은 매화나무는
앙상한 가지를 밀어
딱딱한 면면마다 물을 빨아올리고
나침판이 없어도 봄바람은
저마다 길을 열어
봄빛 향기에 불을 댕긴다

목마름에 가슴을 태우는
청석비알에 뿌리를 내리는 것들도
사랑 찾아 행복을 찾아
거리에 나섰다

후회 없는 세상
내 존재의 이상을 나열하며
깊고 더 넓게 꽃비를 받을 수 있는
사랑의 흔적 그 자리를 비워두자

반쪽

당신은
나의 반쪽
나는
당신의
사랑스런 반쪽
그리움과
기다림
슬픔과
기쁨을 나눌 수
있는
사랑스런 반쪽
세상
모든 것
당신과
나에게는
아무것도 아니죠
서로
함께할 수 있는
사랑의 반쪽으로
점지되었으니까요.

가슴이 뜨겁다

성숙한 시간을 기다리는
가녀린 잎새들이
하늘의 문을 두드린다

멍울진 가슴에
모질게 쏟아지는
소낙비
얇은 가슴을 쓸어내리고

허기진 고통과
분노와 슬픔 그리고
괴로움의 아픔이

내 삶이 지니고 있는
존재를 찾아
되돌아보는 회한처럼
가슴은 뜨거워지고

눈물을 머금은

하얀 달빛이
내 가슴을 열어
삶의 회한을 흔들고 있다

작은 손길

살이 찢길 듯한 추운 날씨
제 살결은 바람에 맡겨둔 채
골목길 돌아, 돌아
작은 대문 안 우물

안주인을 닮았는지
쉼 없이 두레박에 매달려오는
우물물
겨울을 흔들고 있다

켜켜이 쌓여온
세월의 넋두리들은
하얀 구름을 삼키고

흘러온 시간들을 되씹으며
넉살을 풀어냈었는데

따스한 사랑의 온도를 뿜어내던
그 우물
지금은 없다

나무관세음보살

어둠이 내리는
허전한 마음에
앞이 보이지 않는다

번뇌와 고뇌를 벗고
탐욕에서
벗어나려는 몸부림

빛이 없는 마음에
자비의 빛으로
눈을 뜨게 하고
울음을 멈추게 하는
나무관세음보살

세속의 얼룩을
사랑으로 보듬어
자비의 품에
앉게 하시는
나무관세음보살

내 젊음의 영혼을

푸른 마음속 깊이
불꽃으로 피어나
뜨겁게 달구어온
젊음의 나래

그 흐름의 강을 건너
연안을 적시며
걸음마다 추억의 향기들이
황홀하게 타 들어
촛불로 승화되었다

환류 없는 인생여로에
주황, 빨강, 초록
불빛을 바라보며
주의 깊게 건너왔는데

서서히 녹아내린 촛불이
제 자리를 만들어 놓고
초록의 잔디가
나를 흔들어 깨울 것이다

삶의 길목

바람결에
부쳐 보내는
삶의 길목에서 만나는
사람의 향기

갯바위에 하얀 이끼
밀물썰물에 부딪치고
고행이듯 가누며
마지막 숨고르기를 하는
뿌리의 힘

부처의 자비에
사랑을 담아내는
아버지의 변함없는 목소리
가슴에 닿는다

삶의 길목마다
들려온다
아버지의 속 깊은
사랑의 소리가

몽당연필

세월 따라
삶의 길이가
짧아졌다 길어졌다 하는
인생역정

몽당연필처럼 짧은
운명의 만남도
큰길 긴 마음으로
여유롭게 가다보면
의지 앞에 운명은 고개 숙일지니

누군가는 숙명을 짊어지고
또 누군가는 운명을
받아들이고
눈물과 웃음을 반복하며
미로처럼 걸어가는데

삶의 향기는
산지사방으로 뿌리를

내리는데
나는 오늘도
몽당연필을 손에 쥐고
써내려간다
마르고 닳도록 지치도록
써내려간다

휘파람

실바람 부드럽게
소매 끝을 스칠 때
고통의 길도
머물게 하는
꽃망울 터지는 소리

운무가 아득하게
산허리를 타고 치솟을 때
봉우리마다
뭉게뭉게 피어나는
안개꽃

내 마음은
휘파람 소리 따라
꿈속을
걸어간다

끈

허전한 공간
텅 빈 마음속에 한 자락
멜로디가 가슴을 설레게 한다

스산한 바람은
귓불을 스치고
적막 깔린 어둠 속에
소쩍새는 울고 있다

마음과 마음
인연과 인연의 끈
궤적을 뚫고

산사의 범종소리는
울음의 종착역에서
시작과 끝을
찾아 헤매고 있다

순애보의 길

거대하게 생각하는
망상보다
한결 같이 스스로를 다듬어
사람의 길에 멀어지지 않도록
무심히 넘겨버리지 말고
내가 걸어가는 시야에
두려움을 날려 버리자

하얀 바지저고리에
비단결 같은 마음으로
나의 길에 방황하지 않는
한 그루 나무로 서 있었으면

한 방울씩 떨어지는 낙숫물처럼
바위도 뚫고
높이와 넓이, 그 깊이와
폭을 알 듯

포기하지 말고
내 길을 달려가야지

늘 마음에 있는 사람

한마디 말속에
회한이 산처럼 쌓이고
그리움은 내 마음을
흔들고 있다

사랑이란 높은 곳에 있어서
차마 가까이 할 수 없어
내 눈망울 속에 감추어
아련하게 떠오르는 사람

그 사람은
내 그림자 속에 겹치어
시간을 투정부려도
밉지 않은 신성

어둠이 걷히고
맑은 새벽이 밝아 와도
한 번 맺은 우리 사랑은
영원하리라

어둠의 갈피

절절한 사연들이
핏줄을 말리며 가슴조이던 날들

추상같은 불호령도 당연한 듯
유추하기 싫은 시간들이 한갓
바람을 치는 풀꽃처럼
인생을 어지럽게 하고 있다

뜻하지 않는 유행병에 걸려
삶의 황혼기를
세월의 물결 속에 흘려보냈는지

그 안타까움을 조금이라도
반성할 수 있는
시간을 가질 수 있다면
어둠의 긴 늪을
벗어날 수 있지 않을까

그대에게

내 가슴에
살며시 들어와
다소곳이 앉아있는 당신

오륜의 향기가
강물처럼 가슴에 흘러
우리의 사랑이 되게 하고

그 사랑을 진솔하게
간직하다 보면
그대와 나의 언어가
진한 감동의 시가 되어
전율을 느낄 만큼 다가오겠지요

내 육신 가득한
모든 시의 향기
내 사랑
그대에게 전부 바친다오

서 평

인생 관조의 미학과 자연 친화

–고원구 시집 『길이 없어도 별은 뜬다』

이 정 미(문학평론가)

시에는 참신한 이미지를 의식적으로 연출하는 기법이 있는가 하면 마음의 움직임을 자연스럽게 묘사하는 기법이 있다. 고원구의 시집 『길이 없어도 별은 뜬다』는 후자에 가깝다. 고원구 시인은 2004년 『열린 문학』으로 등단한 이후 현재까지 다섯 권의 시집을 냈다. 『길이 없어도 별은 뜬다』는 여섯 번째 시집이다.

현대시는 참신한 시각이 깃든 의미 전달과 정서적 공감을 함께 지니고 있다. 이 양자는 훌륭한 착상에 상상력과 통찰력이 있을수록 강하게 와 닿는다. 시에서 이런 의도를 살린 나머지 관념적 분위기로 흐르는 것이 현대시의 매력이긴 하지만, 자연스런 마음의 흐름만으로도 시적 공감을 유발할 수 있기에 소박한 시에서도 시인만의 시 정신(esprit)을 구사할 있다.

이 시집의 전반적인 시 경향은 세 가지로 나누어 볼 수 있다.

첫째, 살아온 인생에 대해 회한과 반성의 시선으로 바라보면서 우수憂愁와 사랑의 정서를 나타내고 있다.

둘째, 자연 친화와 '특정한 장소에 대한 찬양'(topophlia)을 나타내고 있다.

셋째, 다소 훈계성을 띤 자기 다짐의 자세를 나타내고 있다.

이 글에서는 이런 관점을 중심으로 『길이 없어도 별은 뜬다』에 수록된 시들을 살펴보고자 한다.

위에서 첫째로 밝힌 대로 시인은 인생에 대해 "꽃처럼 아름다운 삶"(〈거울 같은 삶〉), "고즈넉하게 / 순리 따라 / 걸어온 날들"(〈꿈〉)로 바라보는가 하면 "인생의 곡예"(〈사랑의 힘〉), "인생 곡예", "삶의 곡예"(〈갈피 속의 삶〉), "눈물겨운 인생 곡예"(〈숙명〉) 등처럼 인생의 고뇌를 직설적으로 표현한다. '허기진 삶의 끝자락"(〈길목에서〉), "덧없는 인생을 무척 / 목메게 하네요"(〈세월〉) 등에서는 고난에 찬 인생을 담담하게 표현하고 있다.

절절하고
비통함은 삼라만상을
울리고 있으매

간절한 마음을 빌어
떠난 사람 남은 사람
저마다 애틋한 마음은
보이지 않는 넋을 바라보며

– 〈태양처럼〉에서 –

세속에 부대끼며
새 생명의 숨소리로
마음과 마음을
흔들어 놓고

험난하고
힘든 역정 속에
부딪혀온
그 사람

–〈마음속의 거울〉에서 –

허기진 고통과
분노와 슬픔 그리고
괴로움의 아픔이

내 삶이 지니고 있는
존재를 찾아
되돌아보는 회한처럼
가슴은 뜨거워지고

눈물을 머금은
하얀 달빛이
내 가슴을 열어
삶의 회한을 흔들고 있다

–〈가슴이 뜨겁다〉에서 –

추상같은 불호령도 당연한 듯
유추하기 싫은 시간들이 한갓
바람을 치는 풀꽃처럼

인생을 어지럽게 하고 있다

뜻하지 않는 유행병에 걸려
삶의 황혼기를
세월의 물결 속에 흘려보냈는지

–〈어둠의 갈피〉에서 –

이 시들에서는 생의 우울한 감각을 탄식하는 어조로 나타내고 있다. 시인은 세월 속에서 진솔한 회한과 반성에 빠지면서 자연이란 매체를 통해 과거와 현재를 관조하고 있다. 그런데 관념적인 묘사로 인해 시인의 고뇌와 아픔의 흔적을 쉽게 추측하기는 어렵다. 일상적 삶에서 갖게 되는 평범하고 우울한 정서를 자연스럽게 나타내는 중에 인생 관조를 은연중 보이고 있다. 시는 보이는 것을 보이지 않게 하고 보이지 않는 것을 보이게 표현한다는 견지에서 본다면 이 시들에서 역설적으로는 시인의 생에 대한 긍정을 읽을 수 있다.

시인이 겪는 슬픈 감정은 시간의 흐름이 가져다주는 반성의 자세와 회한悔恨에서도 찾아볼 수 있다.

시작과 끝의 시간은
저마다 화두를 찾아
맑은 눈빛으로
세월을 붙잡으려 한다

– 〈시간〉에서 –

지난 세월 부여잡고
하소연하여 본들

낡은 지갑 속은
사랑하는 마음만 가득하고

– 〈세월〉에서 –

닫힌 가슴으로 답습의 길을 걸어온
언어의 시련

그 얼어붙은 질곡을
시공을 초월하여
잃어버린 세월 속에서
나를 잡아보았으면 한다

– 〈잃어버린 시간〉에서 –

켜켜이 쌓아온 사록이
낡은 기억 속에 들어와
허기진 사람들의
마음을 흔들고 있다

– 〈비그림자〉에서 –

이 시들에서는 시간에 대한 의식을 한결같이 “지난 세월”, “잃어버린 세월”, “낡은 기억”에 대한 아쉬움으로 대체하고 있다. 이처럼 과거에 소유했던 시간은 그 자체만으로 추억에 따른 절망감을 내면화하고 있다. 여기에서 자기 체험을 객관적으로 응시하며 그것에서 우러난 생에 대한 본연의 의지와 관조를 느낄 수 있다.

시인은 삼라만상이나 인생사에서 사랑의 감정을 찾고 있다. 우수憂愁와 사랑의 정서는 상반되는 것 같지만 유사한 분위기로 묘사하고 있다.

첫사랑의 그림자만
가슴에 밝히고 있는
멀어져간 하루를 찾아
저마다의 제 길 찾기에 분주하다

– 〈별빛 사냥〉에서 –

고즈넉한 달빛 속에
젖어오는 화신의 숨소리
교교한 밤에
들려오는 임의 연가처럼

– 〈첫나들이〉에서 –

이팝꽃 하얀 신비가
미지의 세계를 향해
마음의 문을 열고
사랑을 구가한다

– 〈오월의 향기2〉에서 –

마음은
담대하고 푸르게

아지랑이 벗 삼아
광막한 사랑을
반야처럼 나누고

– 〈푸른 언덕〉에서 –

욕심 없는 바람 성냄도 없이
시간을 재촉하며
너 나 가리지 않고

사랑이 넘치는 손길이 느껴지는
바람의 향기

– 〈바람의 향기〉에서 –

하늘엔
길이 없어도
해와 달이 뜨고
별이 빛나듯

내 사랑은
어디에서

길이 없어도
인연은
실타래 같이
마음과 마음속을
이어줄까

– 〈길이 없어도 별은 뜬다〉에서 –

〈별빛 사냥〉과 〈길이 없어도 별은 뜬다〉에서는 떠난 사랑을 아쉬워하고 있다. 그 외에 사랑의 정서를 자연에 빗대어서 나타낸 것은 사랑 그 자체가 주는 낭만적 향락보다는 원시적이고 소박한 감각으로 묘사했다. 시집에서는 이런 식으로 사랑의 정서를 직설적으로 나타낸 시들이 적지 않다. 여기서 '사랑'은 반드시 이성간의 사랑보다는 인간에 대한 탐구와 만물을 포용하는 정신으로 볼 수 있다. 서정시가 본래 지니고 있는 자기 고백이요 일종의 또 다른 번뇌일 수 있다.

자연 친화, 향토성이 깃든 특정한 장소에 대한 찬양, 일상 풍경에 대한 담담한 관조가 있는 시들을 살펴보고자 한다.

수국 넓은 잎새에
몰래 숨겨둔 새끼 때문에
밤새 가슴 조아려
울다, 울다 눈물이 말라버린
마당새의 모정

– 〈마당새〉에서 –

청보리가 흔들리는
5월 어느 날

누런 보리 저문 길에
정갈한 맛을 내는
초여름 밤 축복 자리에
수줍은 초대를 받았다

– 〈수줍은 초대〉에서 –

폭서의 유혹을 뿌리치고
하얀 꽃족두리로 단장한
갈대

그리움도 삼키고
외로운 밤도 안으로 감추며
홀로 강여울의 파수꾼이다

– 〈갈대는 지금〉에서 –

짓밟히며 살아있는
풀꽃의 세계

보이지 않는 미지의
어둠 속에 간곡히
너를 찾는다

거센 비바람에
숨죽이는 풀꽃
그 반란의 향기에도
흔들림 없는 별빛처럼

– 〈심지2〉에서 –

눈을 비벼봐도
들판은
웃고 있다

색색의 미소들이
행복하게

– 〈잡초의 꽃〉에서 –

형님먼저 아우먼저
여덟 조각의 손바닥이
햇볕을 받아
금발의 모자를 썼구나

잡초 덤불 속에서
벗들과 함께
금빛을 밀어올린
숲속의 향기

– 〈금국화〉에서 –

가녀린 허리춤에
숨어든 낮달
마당 한편에
수줍은 듯 졸고 있고

뒤꼍을 지키고 있는
새 아씨
햇살에 벌겋게 달아오른
농익은 정열

포기와 좌절 없이 다져온
침묵의 시간

– 〈앵두〉에서 –

인용한 시들에서 보듯 자연 예찬에서는 의인법이 상투적이다. 자연 친화는 시인이 자연에 몰입해서 교감을 이루는 것인데, 독자의 해석에 따라 인간사의 또 다른 비유로 보기도 한다. 〈심지2〉에서 “짓밟히며 살아있는 / 풀꽃의 세계”는 김수영의 시 〈풀〉을 연상하는 내용인데, “보이지 않는 미지의 / 어둠”과 “흔들림 없는 별빛”으로 비유한 것은 시인의 통찰력을 보여준다.

〈앵두〉에서 앵두를 “새 아씨”로 비유한 것은 낭만적 시선이다. 특정한 자연의 모습에서 시인만의 독자적인 안목은 시인의 시적 위의威儀를 나타내는 일종의 시적 장치이다. 자연 예찬은 향토적 풍경과 조화를 이룬다. 자연의 모습에서 “먼, 먼 / 아지랑이 속에서 / 잃어버린 신천지가 보인다”(〈꽃샘〉)와 같은 미래 희망을 발견한다. 시인은 한결같이 자연스런 자신의 육성과 사물과의 교감을 잘 전달하고 있다. "발목 잡는 / 그 향기, 향기 // 삶은 또 / 그렇게 초연하게 / 엮이어 가는가 보다"(〈매화〉)라는 구절은 인생을 관조하는 시인만의 참신한 시각이다. "뜬금없는 바람도 / 광야의 새 역사가 / 환란을 거두는데 // 두렵거나 떨지 말고 / 강건하고 희망 가득한 / 뿌리 내리도록"(〈푸른 언덕〉)은 시의 끝부분인데, 자기 다짐이 섞인 훈계적 어조로 마무리하고 있다. 시인은 개인적 시각을 떠나서 우리의 시각으로 외치고 있는 것이다.

시인이 고향이나 자연의 모습을 추억 어린 시선으로 묘사한 것에서는 일상 풍경을 사실적으로 묘사한 것과 조화를 이룬다.

햇살을 등지고
고통을 씻어내는 시간들

울다 지친 아이는
논배미에서 잠들고

풀잎을 스치는 솔바람
가슴속 옹이를 풀어내듯
– 〈뜸부기〉에서 –

하나 둘
속삭이듯 내려앉는
운무의 춤사위

발가벗은
가녀린 가지에
얹혀오는 물방울

계곡의 신음소리에
겨울은 느린 걸음으로
저 멀리 길을 떠난다

– 〈운무(雲霧)〉에서 –

아무도 밟지 않는
이른 아침에
입은 열지 않고
눈으로만 말하듯
밤사이 이슬방울이
불빛처럼 반짝이며
길을 열어준다

날선 세상
팽팽하게 줄다리기하던
어제의 시간은
추억 속으로 묻고
열리지 않는 공간에
따스한 햇살로
길을 열어준다

아침이 열린다

–〈아침〉 전문 –

〈운무〉와 〈아침〉에서는 '길'을 제시하는 것으로 마무리하고 있다. 그 길은 일상에서 만나는 단순한 시간의 흐름이면서 인생의 또 다른 도전일 수 있다. '길'에 대한 이미지는 시의 원천이 되는 일상의 사실적 풍경이면서도 시인의 자기실현으로 이어지는 시적 형상화 단계라고도 할 수 있다. 시인의 단순한 관찰(obserbation)이라기 보다는 통찰(insight)이다.

아직
까마득한 고개가
첩첩으로 길을 막고 있어도
실과 바늘이 함께 하는 것처럼
길은 열려 있으리

정진 없는 곳에는
무덤만이 있을 뿐

평안하게 걸어갈 수 있는
그 길
사랑하는 마음이라면
언제나 열려 있고
걸어갈 수 있을 게다

– 〈까만 하늘〉에서 –

고즈넉한 달빛 속에
젖어오는 화신의 숨소리
교교한 밤에
들려오는 임의 연가처럼

하얗게 부서져도
단단한 뼈대로 살아나
내일을 향하여 달리고 있다

– 〈첫 나들이〉에서 –

〈까만 하늘〉에서 "정진 없는 곳에는 / 무덤만이 있을 뿐"은 상투적이며 훈계성을 띤 표현이지만 "길은 열려 있으리"와 유사한 시어의 반복으로 인해 소박한 자기 다짐과 함께 인생을 긍정하는 자세가 고조되고 있다.

시에서 특정한 지리적 위치를 갖춘 향토성을 드러낸 것은 '특정한 장소에 대한 찬양'(topophlia)으로 볼 수 있는데 사람이 장소를 떠나 있어도 그 장소를 잊지 못하기에 비롯되는 것이다. 〈배골〉, 〈영천역〉, 〈천제연 폭포〉, 〈새연교〉, 〈노귀재〉, 〈삼자현 고개〉, 〈서해의 노을〉 등이 그 예이다. 이 시들에선 시인이 관찰한 일상의 풍경을 비교적 객관적 시선으로 처리했다.

사물이나 풍경을 주관적 시선을 통해 삶의 진면목을 보여주는 시를 살펴본다.

안개 속에 가려진
성난 파도소리가
굉음을 준비하는 듯
온 몸을 떨고 있다

가녀린 새색시가
긴 세월 속에
시어머니가 된 것처럼
본색을 서서히 드러내는 듯하다

수평 물줄기가 돌돌 말려
산을 만들고
방파제를 위협하며
뭍으로 기어오르려하고

쉴 틈 없이 추어대는
장맛비의 현란한 춤

– 〈비 그림자〉에서 –

세월 따라
삶의 길이가
짧아졌다 길어졌다 하는
인생역정

몽당연필처럼 짧은
운명의 만남도
큰길 긴 마음으로
여유롭게 가다보면
의지 앞에 운명은 고개 숙일지니

누군가는 숙명을 짊어지고
또 누군가는 운명을
받아들이고
눈물과 웃음을 반복하며
미로처럼 걸어가는데

삶의 향기는
산지사방으로 뿌리를
내리는데
나는 오늘도
몽당연필을 손에 쥐고
써내려간다
마르고 닳도록 지치도록

써내려간다

– 〈몽당연필〉 전문 –

〈비 그림자〉에서는 시인이 바라본 비의 모습을 "장맛비의 현란한 춤"으로 보면서 그 구체적인 현존성을 밝혀주고 있다. 제목 '비 그림자' 자체에는 개성적인 안목이 들어 있다. 〈몽당연필〉에서는 한 없이 짧아지는 몽당연필 자체의 현존성에 대해 "의지 앞에 운명은 고개 숙일지니"라는 구절을 통해 "눈물과 웃음을 반복하며 / 미로처럼 걸어가는" 겸손한 인생으로 해석하고 있다. 이 시들에서는 시인의 사고력을 보여주면서 정서적 공감을 이루고 있다. 무모한 상상력의 비약이나 의도적인 이미지 구사에 주력하지 않고 자연스럽게 시인의 통찰력을 보여주고 있다.

이상으로 고원구의 시집『길이 없어도 별은 뜬다』에 실린 102편을 살펴보았다. 전반적으로 보면 생의 우수憂愁, 사랑, 자연 예찬 등을 중심 소재로 해서, 개인이 겪은 일상의 정서를 인생 관조의 미학을 자율적으로 살리며 시적 형상화를 이루었다. 또한 진솔한 통찰력과 자연스런 정서의 흐름을 통해서 독자와 소통을 이루었다. 다음에도 시인의 또 다른 인생 관조의 미학을 기대하는 바이다.

짓밟히며 살아있는
풀꽃의 세계
보이지 않는 미지의
어듬 속에 간곡히
너를 찾는다